STATUTS

DE LA SOCIÉTÉ ANONYME

DITE

COMPAGNIE DE NAVIGATION MIXTE.

STATUTS

DE LA SOCIÉTE ANONYME

DITE

COMPAGNIE DE NAVIGATION MIXTE.

———o———

Par-devant Mes Piaton et Deloche, notaires à Lyon, soussignés,

Ont comparu,

1° M. Jean-Baptiste Pastré, négociant, chevalier de la Légion-d'Honneur, président de la Chambre de commerce, demeurant à Marseille, rue St-Ferréol, 59;

M. Benoît-Alphonse Gaduel, président de la Chambre des avoués, demeurant à Marseille, rue St-Ferréol, 51;

M. Philippe Massot, assureur, demeurant à Marseille, rue Silvabelle, 104;

M. Jean-Baptiste Guimet, négociant, officier de la Légion-d'Honneur, membre du Conseil municipal de Lyon, demeurant à Lyon, place de la Miséricorde;

M. Jacques Breittmayer, directeur de la Compagnie Générale des bateaux à vapeur, chevalier de la Légiou-d'Honneur, demeurant à Lyon, place de la Charité, 3;

M. Melchior Ogier, propriétaire, ancien juge au Tribunal de Commerce de Lyon, demeurant à Lyon, cours d'Herbouville ;

M. Prosper Gallay, ancien notaire, demeurant à Lyon, quai St-Clair, 6,

Et M. Joseph-Marie, dit Marius Granjon, propriétaire, demeurant à Lyon, cours Morand, 58.

Lesquels agissant

Comme membres du Comité de surveillance de la Société en commandite L⁸ Arnaud, Touache frères et Cᵉ, dite *Compagnie de navigation mixte,* dont les Statuts sont contenus en un acte reçu par les notaires soussignés, les premier et dix décembre mil-huit cent cinquante-cinq ;

Et en vertu des pouvoirs qui leur ont été conférés par l'article 48 de ces Statuts, ainsi conçu :

« Les présents Statuts sont essentiellement transi
« toires. La conversion de la présente Société en Société
« anonyme sera poursuivie dans le plus bref délai pos
« sible.

« A cet effet tous pouvoirs sont donnés aux membres
« du Comité de surveillance en exercice au moment de
« cette conversion, avec faculté d'agir au nombre de
« six pour suivre l'homologation des Statuts déjà dressés,
« y faire toutes modifications nécessaires, dresser d'au
« tres Statuts, et nommer tout mandataire pour suivre à
« Paris la demande en autorisation. »

Ont arrêté ainsi qu'il suit les Statuts de la Société anonyme destinée à remplacer la Société en commandite L⁸ Arnaud, Touache frères et Cⁱᵉ.

TITRE PREMIER.

Formation et objet de la Société. — Sa dénomination. — Son siége. — Sa durée.

ARTICLE PREMIER.

Il est formé entre les propriétaires des actions, dont il sera ci-après parlé, une Société anonyme ayant pour objet le transport par mer des passagers, marchandises, dépêches et lettres, et en général tous services de navigation et opérations maritimes.

ARTICLE 2.

La Société prend la dénomination de *Compagnie de navigation mixte*.

ARTICLE 3.

Elle aura son siége à Lyon.

Pour toutes ses opérations, elle aura à Marseille un domicile attributif de juridiction.

ARTICLE 4.

Sa durée est fixée à quatre-vingt-dix-neuf ans à partir de la date du décret approbatif des Statuts.

TITRE II.

Fonds social. — Actions.

ARTICLE 5.

Le fonds social se compose :

1° Des treize navires à vapeur en activité ou en construction appartenant à la Société L⁵ Arnaud, Touache frères et Cⁱᵉ, représentant ensemble dix-sept mille tonneaux et deux mille huit cents chevaux de force et portant les noms suivants :

Du Trembley,
Atlas,
Avenir,
Rhumel,
Province de Constantine,
France,
Brésil,
Europe,
Kabyle,
Zouave,
Ville de Lyon,
Amérique,
Sahel,

Et tout le matériel qui en dépend, y compris les objets mobiliers, qui garnissent les bureaux de la Société établis à Marseille, rue Canebière, n° 23, et à Lyon, ruc Constantine, n° 20, lesquels objets mobiliers sont décrits en un état, dressé sur une feuille de papier au timbre de trente-cinq centimes, qui demeure annexé aux présentes après avoir été certifié par les comparants et revêtu de la mention d'annexe.

2° Du droit exclusif concédé à la Société L⁴ Arnaud, Touache frères et Cⁱᵉ, aux termes d'un acte reçu par ledit Mᶜ DELOCHE et son collègue, le vingt-sept juillet mil huit cent cinquante-cinq, d'employer les machines à vapeurs combinées dans des limites déterminées audit acte.

3° Des conventions intervenues entre M. le Directeur général des postes et ladite Société pour le transport des dépêches entre la France et l'Algérie, ainsi qu'il résulte d'une lettre adressée par M. le Directeur général à MM. L⁴ Arnaud, Touache frères et Cⁱᵉ, le 15 août 1856, et de la réponse de ces derniers en date du 20 du même mois; de laquelle réponse copie est, ainsi que l'original de ladite lettre, demeurée ci-annexée après avoir été certifiée véritable par les comparants et revêtue de la mention d'annexe;

4° Du droit aux baux consentis au profit de la même Société, savoir :

Des bureaux qu'elle occupe à Lyon, rue Constantine, n° 20, aux termes d'un acte reçu par les notaires soussignés, le 29 novembre 1856, enregistré,

Et des bureaux qu'elle occupe à Marseille, rue Canebière, 23, aux termes d'un acte reçu par Mᶜ Roux et son collègue, notaires à Marseille, le 16 décembre dernier, enregistré ;

Baux dans l'effet desquels la Société anonyme est subrogée tant activement que passivement;

5° Et d'une somme de cinq millions deux cent cinquante mille francs représentée par divers approvisionnements appartenant à ladite Société, le numéraire qu'elle a en caisse et des créances liquides qui sont transférées à la présente Société anonyme et qui comprennent une partie des versements restant à effectuer sur les actions de la Société en commandite, ainsi que le tout est détaillé en un état dressé sur une feuille de papier au timbre de soixante-dix centimes, lequel est demeuré ci-annexé après avoir été certifié véritable par les comparants et revêtu de la mention d'annexe par les notaires soussignés.

Tous les biens ci-dessus énumérés sont francs et quittes de toute dette. La propriété des navires est établie par les actes de francisation.

ARTICLE 6.

La Société anonyme en entrera en jouissance par la remise qui en sera faite au Conseil d'administration nommé par l'Assemblée générale qui se réunira dans les deux mois du décret d'autorisation.

La Société anonyme en percevra les produits et en supportera les charges à compter de cette remise.

Il sera dressé par les soins de ce conseil un inventaire général des apports sociaux, et si, par le résultat de cet inventaire, la somme comprise sous le n° 5° de l'article 5, n'était pas exactement représentée, les comparauts ès-noms et qualités qu'ils procèdent seront tenus de la compléter.

Cet inventaire sera soumis à la première Assemblée générale qui aura lieu, après la remise des biens, composant le fonds social au Conseil d'administration.

Sur cette somme de cinq millions deux cent cinquante mille francs, il est affecté celle de un million pour former un fonds de roulement, lequel devra toujours être représenté par des espèces en caisse, approvisionnements ou des valeurs immédiatement réalisables, telles que des effets en portefeuille ou créances.

ARTICLE 7.

Le fonds social composé comme il vient d'être dit à l'article 5, est divisé en trente mille actions, représentant chacune un trente millième de tout l'avoir de la Société.

Ces actions appartiennent, dans les proportions suivantes, aux personnes ci-après dénommées ;

Savoir :

A MM.

Allizon (Pierre)	31
Avril (Auguste)	293
Albertin (veuve)	36
Anchald (vicomte d'), à Lyon	11
Alen (Fortuné)	31
Altaras (Maurice)	22
Abdini (Joseph)	9
Aicard (Vincent)	89
	522

522

Aicard (Albert). 24
André (Joseph). 84
André (Jules). 4
Allimant (Claude) 2
Allimant (Jean-Claude) fils 2
Allimant (André). 2
Allimant (Jean-Claude) père 2
Arnaud (Louis) 1109
Alphandery cadet à Alger 5
Audrie (Hilarion). 2
Bourgeot (Claude-Joseph). 35
Bruyère (Pierre-Denis) 13
Bastie (Alfred de la). 32
Boiron (Aimé) 17
Berlier (Etienne). 10
Bidremann (François-Vincent) 68
Besançon (Pierre-Claude) 9
Butiot (Dominique) 9
Bailly (Hippolyte). 120
Bonnamour (Benoit) 113
Bonnard (Gabriel) 108
Brunet (Marie) 2
Bressaud (veuve) à Lyon 6
Bros (Emile) 27
Berrod (Pierre-Joseph) 43
Bouchet (née Monteillet) à Lyon 22
Berger (Adrien) 22
Brossette (Gaillard) 160
Bruno (Baptistin) 27
Brue (Michel). 90
Barneau fils et Cᵉ, à Philippevile. . . . 45
Barneau fils, à Philippeville 8

2,744

	2,744
Bernard (Marc-Antoine).	9
Blanc (Vincent)	22
Bernard (Jean-Baptiste).	35
Bertrand (née Abbi), à Marseille	4
Bernard (Hilarion)	40
Brunet (Charles).	13
Brunet (Jules)	13
Barraz (née Richard), à Marseille.	5
Bec Dufour (Charles)	11
Bertou (née Martin), à Marseille.	13
Bethfort (Louis)	21
Briol (Jean)	44
Baudouin et Martin, à Marseille	22
Besançon (Ulysse)	22
Boyer (Michel)	9
Bernabo (Léon)	13
Braquetty (veuve), à Marseille	45
Bouge (Baptistine)	31
Blanchoud (J.), à Rio-Janeiro.	33
Blanc Duport et Cᵉ, à Faverges,	2
Bussy (Pierre)	4
Bailly (François-Jacques-Victor)	3
Besson (Martin)	4
Bertholon (Geoffroy).	2
Brunet (Vital).	27
Bompart (Vᵉ), née Rougier, à Marseille.	13
Belou (Jacques).	5
Breittmayer (Jacques), à Lyon	636
Billaud (Pierre)	11
Bouchara (Joseph)	1
Barthe-Dejean, à Alger.	5
Biezy (Guillaume)	1
	3,863

	3,863
Bouchardy (Louis)	1
Bourbon (veuve)	1
Chuard (Joseph)	74
Chappet (Edouard)	134
Chappet (née Martin), à Lyon	125
Chappet (Alexandre-Antoine)	18
Chappet (Jacques-Marie-François)	31
Chassagnieux (Jean-Baptiste-Marie)	25
Convert (Félix)	12
Chaland (Jean—Baptiste-Alexis)	112
Collet (Léonie, née Vezu)	2
Chaland (Jean-Marie)	225
Collet (Gaspard)	2
Côte (Henri)	45
Caquet Vauzelle (Victor)	18
Charny (Joseph-Henri)	11
Contamin (Jean-Victor)	450
Crozier (François)	22
Crolas (Noël)	22
Chaverot (Denis)	10
Cellard (Hippolyte)	311
Chaine (Antoine)	2
Chuard (veuve, née Janin), à Lyon	12
Chaboud (Désiré)	27
Cornet (Jean)	4
Chambre	22
Clapisson (Pierre-Amédée)	8
Cayol (veuve), à Lodève)	22
Camau (Louis)	33
Chabrier (Alphonse)	21
Cucurny (Maurice)	15
Cucurny (Zéphirin)	8
	5,688

	5,688
Capefigue (Victor)	57
Clément (François)	22
Cival (Pauline, née Roustan)	18
Canaple (Edmond)	2
Chabrier (Adolphe)	6
Charrin (Amédée)	1
Colombat (venve), à Lyon	1
Cohen (Joseph)	1
Colombier (Claude)	8
Collet Meygret, à Paris	2
Convert (Thomas)	1
Crespin (Louis-Alexis)	1
Côte et Ce (Marius)	77
Cauvet, à Marseille	98
Charvet, à Lyon	669
Canton (A.), à Alger	2
Coste (Fortuné)	1
Cœurderoy, à Alger	2
Castéras frères, à Alger	11
Cohen (A.) et Cie, à Alger	2
Chalay (Jules)	10
Charlet (veuve, née Mille), à Lyon	5
Coppet (Gustave de)	39
Chassin (Joseph)	20
Dutrembley (Amédée)	228
Desgaultières (Henri)	135
Decroix (Gabriel-Hélène)	35
Delastre (Hercule)	33
Dornon (Joseph-François)	29
Dognin (Michel)	90
Devienne (Auguste)	43
Dumortier (Eugène)	6
	7,343

7,343

Detroya (née Chaurié), à Lyon.	18
Dattas (Pierre)	25
Danguin (Antoine)	11
Dampten (née Vignard), à Lyon. . . .	9
David (Claudine).	11
Delaye (Benoît)	12
Dupasquier (née Paultrier), à Lyon . . .	15
Défanis (Claude-Marie).	6
Dusserre (Antoine-Martin)	26
Devienne (Ferdinand)	33
Dambuend (Ferdinand).	45
Drut (née Germain), à Lyon	63
Dupuy (Jacques).	2
Davin (née Trucy), à Toulon	9
Donadey (Jean-Baptispte-Honoré)	41
Dantoine (Louis).	22
Defougère (Louis)	31
Daher (Nicolas)	4
Devilaine (Joseph).	5
Desgranges (Claude-Marie).	2
Dalmais (François)	8
Dandré (Arthur).	1
Deux (Claudine)	1
Désormes (Clément-Alphonse)	183
Dupont fils et Barrelon, à Lyon	1
Dutrembley (Prosper)	500
Deloche (Marcel).	1
Durrel (Philippe)	2
Devienne (Gilbert)	10
Dutfoy (Joseph-Auguste)	6
Durrand fils, à Marseille	14
Durand (Joseph).	3

8,463

	8,463
Dufour (Firmin)	1
Dupuy, à Oran	1
Dedebaut et Alexandre , à Oran	1
Delafont (Jules)	18
Deluzy du Peloux (Olympe)	11
David (Adrien)	5
Demoura (A.-José) . . , ...	12
Devaux (Claude).	1
Eymard (Gabriel).	25
Estienne (veuve), à Lyon	2
Elie (Léon) . . , ...	1
Feys (Alexandre).	45
Felissent (Léon) . . . . , ...	46
Fayolle (Jules)	116
Falconnet (Ernest)	65
Françon (Jacques)	816
Fraisse (Charles).	9
Faure (Louis).	18
Favre (César).	11
Fertaud (Pierre)	11
Fabre (Marc-Antoine)	58
Forgues (Joseph).	104
Fortoul (Désiré)	18
Fontaine (Félix)	78
Forcrand (Amédée de)	5
Figuier (Amédée)	118
Fels (Gaspard-Pantaléon)	48
Ferrand (Pierre).	40
Fougère (Pierre). . . . , ...	29
Fouillon (Ernest).	22
Ferréol (Julien)	18
Floret (Joseph)	22
	10,238

	10,238
Finaz (Victor)	1
Finaz (Ernest)	12
Fouilhoux (veuve), à Lyon	1
Fouilhoux (Claude)	2
Fayolle et Cie, à Lyon	4
Fouque (Ange)	21
Faure Péclet, à Lyon	499
Froget frères, à Oran	2
Ferrero Pinto	37
Gobert (Jean-Michel)	110
Guillemaud (Sébastien)	26
Gerin (Antoine)	53
Grangier (Victor)	292
Garand (née Louise Juge)	18
Gayet (César-Napoléon)	33
Germain (François-Augustin)	22
Godard (Benoît)	6
Garnier (Louis)	69
Geoffroy (Blaise)	49
Grevot (Marc-Adolphe)	2
Gleyvot (Michel)	33
Guillet (Anthelme)	4
Gathier-Hasse (Jacques-César)	22
Givord (Jean-Baptiste)	106
Garcin (Claude)	23
Guindran (Joseph)	22
Garon (Guillaume)	96
Germain (Philippe)	28
Guerrier (Claude)	2
Guillin, à Lyon	4
Gouttebaron, à Lyon	4
Guilmoto et Provançal, à Paris	6
	11,847

	11,847
Guise (Pierre-Joseph	11
Gavoty (Philémon)	22
Gaudin (Justinien)	27
Gros (Claude-François)	60
Gros (Joséphine)	24
Gros (Joseph)	6
Giraud (Casimir)	35
Geoffroy (Eustache)	36
Grimanelli (Georges)	9
Germain (Louis)	11
Garnier des Garets (Louis-Antoine-Joseph)	1
Garnier (veuve), à Lyon	1
Gallay (Prosper)	336
Gauthier (Victor)	4
Galet (Claude)	23
Galimberti, à Genay	270
Garcin (Victor)	2
Galle (Jean-François-Xavier)	20
Granjon (Marius)	786
Gauthier (Jean-Baptiste)	1
Givord (Pierre-Antoine)	180
Gaduel (Benoît-Alphonse)	62
Guimet (Jean-Baptiste)	1138
Gilette (Rosella)	2
Garro (Modeste)	1
Grangé et Joly, à Alger	17
Gilly (Louis)	7
Grangier (V^e), née Chaland, à St-Chamond	9
Givord et Cie	1643
Heyrier (Jacques)	171
Holive neveu et Michel, à Marseille	11
Hasse (Louis)	12
	16,785

	16,785
Henri fils, à Alger	11
Isnard (Adrien)	11
Jacquand, née Trolliet, à Lyon	12
Jogand, née Piégay, à Lyon	44
Josselin père (Marie-Mathurin)	117
Jullien (Jean-Thomas)	64
Jordan (Alfred)	22
Joannin (Georges)	88
Josselin (Victor)	73
Joannard (Jean-Louis)	370
Joly (Grégoire)	43
Joly (Philibert)	17
Jacquemet (Hippolyte)	2
Jordan (César)	1
Joannard (Auguste)	6
Jame (Hippolyte-François)	1
Jaubert (Jean-Baptiste)	2
Joly frères, à Alger	13
Jouquier, à Oran	4
Kletz, à Paris	22
Knoderer (Gustave)	15
Livet (Alexandre)	45
Lémann (Jules)	51
Léger (Jean-Marie)	20
Limoges (Jean-Pierre-Louis de)	44
Lafond (Benoît de)	48
Lavarrayne (Adolphe)	49
Lamirault (Jean-Charles)	6
Lebrun (Henry)	2
Lafond (Jules)	34
Lempereur (Sabine)	4
Lagrange (Alexandre)	18
	18,044

	18,044
Lesne (Hippolyte)	4
Longue et Portalès, à Lyon	28
Laprè (Louis de)	8
Lassave (Amédée)	21
Lions (Amédée)	21
Lepeytre (Frédéric)	17
Lagrange, à Paris	10
Luce (Gustave)	43
Lambelet (Louis-François)	45
Layet et Martel, à Lyon	11
Laugier (Alphonse)	10
Laforest (Charles)	1
Lafond (Pierre-Antoine)	20
Lafaye (Louise de)	2
Laurent (Maurice)	4
Lobet, à Lyon	2
Lémann (Moïse)	2
Lambert (Marie-Louise-Sévère)	16
Loup (Claude)	3
Larade (Eugène)	11
Levy (L.), à Oran	2
Lehericy	37
Lage et Campos (veuve)	115
Laurent (Pierre)	5
Monnier (Lodoïx)	67
Morillon (Antoine-Alphonse)	43
Maranchon (Antoine)	8
Malaval (Benoît-Marc)	11
Mellier (Josué-Auguste)	11
Montet (Pierre-Noël)	54
Marcellin (Jean-François)	24
Michel (veuve Louis)	17
	18,717

18,717

Meyrueis (veuve), à Lyon	65
Maturel (Antoine)	13
Meissonnier (Jean-Baptiste)	45
Massot (Eugène)	33
Martin (Adolphe)	21
Méri-Dahdat et fils	4
Maurel (François)	54
Massot (Paul)	24
Michallet (Marius)	3
Marion (Jacobi)	5
Martin (Paul)	2
Martene (Jean-Edmond de)	6
Matrod (Paul)	5
Masson-Poizat (Philibert)	1
Méras fils (Louis)	4
Mouterde (Joannès)	8
Monnet et Magnin	4
Mathieu (Pierre-Marie)	1
Montblanc	15
Massot (Philippe)	266
Michel (Gustave)	77
Massot (Pauline)	6
Mazet, à Alger	6
Mestayer, à Alger	11
Meynard, à Alger	4
Mayer Chiches frères, à Alger	1
Meller (Auguste) et Cie, à Alger et Bordeaux	57
Martin (A.), à Alger	2
Mendès (Fréd.) et J.-A. Boucharel, à Alger	2
Martin, à Oran	1
Moussay, à Oran	1
Maron (Frédéric)	2

19,466

19,466

Mille (veuve)	1
Nogier (Louis)	22
Négrier (de), à Lyon	35
Noally (Pierre-Marie)	61
Nepple (Charles)	4
Néri (Jean-François)	21
Nodet (Henri)	11
Navette (Simon)	2
Olibo (François-Xavier)	50
Odin (Jean-Claude)	60
Olive (Pierre)	13
Ogier (Melchior)	715
Piellat (Ferdinand de)	44
Périolat (Nicolas-Louis)	107
Prunier (Léon)	119
Perrot (Louis)	16
Poncet (Victor)	22
Philibert (Jean-Baptiste-Marie-Alphonse)	137
Prunier (Éugène)	28
Pommier (Philippe)	42
Pignatel (Marceau)	64
Peloux (veuve du), née Dareste, à Genay	45
Prenat (Antoine)	225
Portier (Joseph)	58
Peyret (Camille)	292
Petit (Florentin)	11
Papillon (Ferdinand)	2
Pugens (Jean-Baptiste-Marie-Alphonse)	38
Passaut de Rymon, à Lyon	57
Petit (Jean-Marie)	43
Plagnieu (Mme V^e) née Gaultier, à Lyon	128
Pascal (Alexandre)	64

22,003

22,003

Piellat (de), à Vienne	21
Pellen fils aîné, à Marseille	11
Paul (Edouard)	18
Pellen (Antoine)	14
Prandière (Martial de)	2
Peillon (Michel)	2
Pilliet (Antoinette)	1
Pelletier, à Lyon)	2
Perroud (Benoît-Philibert)	4
Pastré frères, à Marseille	100
Portier (Louis)	523
Pelaut (Casimir)	2
Peyroud (Samuel)	11
Pourtaubord et André	11
Picot (M)	1
Page (Gustave)	10
Repiquet (Pierre-Alexandre)	11
Rœsch (Léon)	84
Roth (Pierre)	49
Rojat (Claude)	43
Roddes (François)	420
Roux (Camille)	45
Rozet fils (Antoine)	27
Reboul (Joachim)	5
Ringard (Jean-Jacques)	13
Rozier (Jean-Antoine)	12
Rodet (Alexandre)	48
Richarme (Claude)	68
Raujet (Marcellin)	3
Rey (Charles)	22
Roux (André)	43
Rozier (Jean-Marie)	2

23,631

	23,631
Ralli (Joseph-Constantin)	22
Rizaucourt (François-Pierre)	47
Rambert (Esprit).	6
Richard (Elisabeth)	2
Roussier (Camille)	13
Roussier (Alexandre)	13
Rougier (Paul)	67
Rousseau (Honoré)	64
Roux (Philippe)	4
Roussel et Schuck , à Marseille	13
Rebitté , à Marseille.	6
Ruel (Auguste)	2
Raynier (Gustave)	89
Richard et Gibausset , à Marseille. . . .	22
Richard (Mélanie), née Barras. . . .	6
Rava (A.), à Alger	1
Richard (François)	2
Rauzet.	1
Riédy (Henri).	1
Romaguera (Jayme)	25
Siaux (Étienne)	137
Sorbier (Armand).	17
Seibel (Georges-Guillaume).	787
Serviant (Antoine)	37
Sénéchal (Michel)	65
Saillard (Benoit) père	9
Sabran-Berna , à Lyon	228
Servant (Guillaume-Jean	90
Saint-Olive (Francis)	159
Souzy (Jean-François)	109
Seriziat-Carrichon, à St-Didier-au-Mont-d'Or.	55
Soulary (Alphonse)	9
	25,739

	25,739
Servant-Devienne, à Lyon.	61
Suquet frères, à Toulon	27
Suquet (veuve), née Trucy, à Toulon	13
Sebenq (Ferdinand)	6
Sakakini (Georges)	9
Sieveking (Henri)	9
Séjourné (Elie)	18
Senn (Théodore).	22
Sieuve (Louis)	17
Siméan (Claude-Joseph)	4
Sauvage de St-Marc (Réné).	31
Saissy (Dominique-Camille)	8
Saulieres (Louis).	2
Sedille, à Marseille.	2
Sebenq aîné	6
Sauvezac.	5
Thimonnier (François)	39
Thimonnier (Marie-Anne)	14
Trollier (Félix)	101
Tilliet (Gérard)	11
Terrat (Jean-Baptiste)	33
Tavernier (Horace)	22
Targe (Etienne)	132
Tranchant (Pierre)	21
Theric (A.-M) jeune, à Marseille	4
Touache (Hippolyte).	22
Touache (veuve) née Roustan.	15
Tardieu, Chuit et Cie, à Marseille	32
Thivy (veuve) à Givors	1
Terrillon (Félix)	4
Thomas (Auguste)	2
Tournaire (Félix).	45
	26,177

	26,477
Touache (Auguste)	775
Touache (Félix)	1136
Tens, à Oran	4
Vindry (Antoine)	53
Valansot (André)	13
Valansot (Etienne)	25
Vouillemont et fils (veuve), à Lyon	22
Vezu (Louis-Philibert)	23
Vezu (Philibert)	8
Vezu (Odette)	3
Vezu (Joséphine)	3
Vezu (Pauline)	2
Viallet (Jean-Baptiste)	32
Valette (Dominique-Auguste)	16
Vergoin (Jean-Claude)	22
Vincent (Irène), née Sakakini	2
Vigne (François)	22
Vigoureux (Polydore)	4
Vaïsse (Édouard)	91
Verlaque fils	24
Velin (Desiré)	11
Vigière (Camille)	260
Vidal (Alexis)	613
Villion (Antoine)	4
Villion (Benoît)	2
Villion (Isaac)	27
Valansot (Louis)	2
Viallet (Hugues)	2
Valloud (Jules)	4
Vassal (Etienne)	1
Vincent (Jean)	193
Vaïsse (Victor)	87
	29,963

$$29{,}963$$

Vernay (Claude) 17
Vourloud (Jean-François-Nicolas). . . . 10
Watteau (Amable) 6
Varrot et Semel, à Alger 4

Total. 30,000

ARTICLE 8.

Les actions ne seront délivrées qu'après leur verse-ment intégral et la justification de l'existence en caisse de la somme ci-dessus mentionnée de cinq millions deux cent cinquante mille francs, et qu'après la remise de la totalité des apports, telle qu'elle doit être faite au Con-seil d'administration, conformément à l'article 6, et contre le retrait des anciens titres.

Il sera dressé procès-verbal de toutes ces opérations par les soins du Conseil d'administration, qui en trans-mettra copie au ministre de l'Agriculture, du Commerce et des Travaux publics, aux préfets des départements du Rhône et des Bouches-du-Rhône, ainsi qu'à la Cham-bre de Commerce de Lyon et à celle de Marseille.

ARTICLE 9.

Les titres des actions sont au porteur ou nominatifs.

Ils sont extraits d'un registre à souche et revêtus de la signature d'un administrateur et de celle d'un di-recteur.

Les actions au porteur se transmettent par la simple tradition du titre.

Les actions nominatives se transmettent conformément à l'article 36 du Code de Commerce.

Le Conseil d'administration peut autoriser le dépôt et la conservation des titres dans la caisse sociale ou dans toute autre caisse qu'il désignera. En ce cas il déterminera la forme des certificats de dépôt, les frais auxquels le déposant peut être assujetti, et les garanties dont cette mesure doit être entourée dans l'intérêt de la Compagnie et des actionnaires.

ARTICLE 10.

La Société anonyme est chargée du recouvrement des versements restant à effectuer sur les actions de la Société en commandite. Elle en opérera la rentrée dans les termes suivants :

L'Actionnaire, sur l'avis du Conseil d'administration, devra, dans le mois, verser à la caisse sociale le montant de l'appel qui aura été fait.

Les sommes qui n'auraient pas été appelées avant l'homologation des présents Statuts, devront être appelées dans le délai d'une année au plus tard après cette homologation.

A défaut de versement, le retardataire est mis en demeure d'effectuer les paiements par un avis inséré dans les journaux d'annonces judiciaires de Lyon et de Marseille ; faute par le propriétaire de s'acquitter dans le délai d'un mois et sans qu'il soit besoin de recourir aux formalités de justice, les actions en retard seront vendues publiquement, sur duplicata, à la bourse de

Lyon ou de Marseille, aux périls et risques du retardataire.

ARTICLE 11.

Chaque action donne droit à un trente millième dans la propriété de l'actif social et dans le partage des bénéfices de la Société.

ARTICLE 12.

Les droits et obligations attachés à l'action suivent le titre dans quelque main qu'il passe.

La possession d'une action emporte de plein droit adhésion aux Statuts de la Société.

ARTICLE 13.

Chaque action est indivisible. Les co-propriétaires indivis d'une action sont tenus de se faire représenter auprès de la Société par une seule personne.

Les héritiers ou créanciers des Actionnaires ne peuvent, sous quelque prétexte que ce soit, provoquer l'apposition des scellés sur les biens et valeurs de la Société, ni s'immiscer en aucune manière dans son administration.

Ils doivent, pour l'exercice de leurs droits, s'en rapporter aux inventaires sociaux et aux délibérations de l'Assemblée générale.

Dans le cas où la Compagnie, ensuite de l'autorisation du gouvernement, émettrait de nouvelles actions ou des obligations, les Actionnaires auront, par préférence à tous autres, le droit d'en souscrire les deux tiers; le Conseil d'administration déterminera le délai dans lequel ce droit devra être exercé.

TITRE III.

Conseil d'administration,

ARTICLE 15.

La Société est administrée par un Conseil composé de douze membres nommés par l'Assemblée générale des Actionnaires.

Chaque Administrateur doit être propriétaire de cinquante actions au moins, qui sont inaliénables pendant la durée de ses fonctions et dont il doit, dans la huitaine de sa nomination, déposer les titres dans la caisse de la Société.

Les fonctions des Administrateurs sont gratuites; ils reçoivent pour chaque séance un jeton de présence dont la valeur est déterminée par l'Assemblée générale.

L'Assemblée générale déterminera l'indemnité qui devra être allouée aux Administrateurs délégués.

ARTICLE 16.

Les fonctions des Administrateurs durent six ans.

Il sortira chaque année deux Administrateurs.

L'ordre de sortie sera déterminé pour les cinq premières années par un tirage au sort; il le sera ensuite par le rang d'ancienneté.

Les membres sortant pourront être réélus.

ARTICLE 17.

Dans le cas où, par suite de vacances survenues dans l'intervalle qui s'écoule entre deux assemblées générales, le nombre des Administrateurs se trouve réduit au-dessous de six, le Conseil pourvoit provisoirement au remplacement, de manière à ce qu'il y ait toujours six Administrateurs en exercice.

Les Administrateurs ainsi nommés ne restent en fonctions que pendant le temps qui restait à courir de l'exercice de ceux qu'ils remplacent.

ARTICLE 18.

Le Conseil d'Administration nomme chaque année, dans son sein, un Président, un vice-président et un secrétaire qui peuvent être réélus.

En cas d'absence du Président et du vice-président ou du secrétaire, leurs fonctions sont remplies par les membres désignés par le Conseil.

Le Conseil se réunit au siége de la Société aussi souvent que les besoins de l'entreprise l'exigent et au moins deux fois par mois.

Il délibère à la majorité des voix des membres présents; en cas de partage, la voix du Président est prépondérante.

La présence de six membres au moins est nécessaire pour la validité des délibérations.

Les délibérations sont transcrites sur un registre

tenu à cet effet ; elles sont signées par les membres présents.

Les copies ou extraits des délibérations sont signés par le Président ou le vice-président en exercice.

ARTICLE 19.

Le Conseil d'administration est investi des pouvoirs les plus étendus pour l'administration de la Société.

Il fixe les dépenses générales.

Il nomme tous les employés et agents, détermine leurs attributions et fixe leur traitement.

Il arrête les règlements des services maritimes, détermine les lignes à desservir et les points d'échelle et fixe les tarifs.

Il autorise toutes conventions avec d'autres entreprises, tous contrats d'assurance, tous baux, tous marchés de construction et autres, tous achats et ventes de navires, meubles et immeubles, tous traités et soumissions.

Il autorise l'établissement ou l'achat de tous chantiers de réparation et de construction.

Il autorise toutes actions judiciaires, tous traités, transactions et compromis, tous transferts de rentes sur l'État, actions de la Banque de France et autres, tous désistements, main-levées et radiations de privilége, hypothèque et actions résolutoires, saisies et oppositions même sans recevoir, et avec l'approbation de l'Assemblée générale, il autorise tous emprunts avec ou sans affectation privilégiée ou hypothécaire.

Il prescrit le mode de la comptabilité et des écritures.

Il vérifie les comptes et les pièces à l'appui, dresse les inventaires.

Il fixe chaque année, sauf approbation par l'Assemblée générale, la quotité du prélèvement à faire sur les bénéfices pour le fonds de réserve et le chiffre du dividende à payer aux Actionnaires.

Il statue enfin sur tous les objets relatifs à l'Administration de la Société.

ARTICLE 20.

Le Conseil peut, avec l'approbation de l'Assemblée générale et avec l'autorisation du gouvernement, faire avec toutes autres Sociétes tous traités de fusion.

ARTICLE 21.

Il peut déléguer tout ou partie de ses pouvoirs à un ou plusieurs de ses membres pour des objets déterminés et pour un temps limité.

ARTICLE 22.

Conformément à l'article 32 du Code de Commerce, les membres du Conseil d'administration ne contractent à raison de leurs fonctions aucune obligation personnelle ou solidaire relativement aux engagements de la Société.

Ils ne répondent que de l'exécution de leur mandat.

Article 23.

Par dérogation à l'article 15 et sauf confirmation lors de la première Assemblée générale qui se réunira à cet effet dans les deux mois de l'autorisation de la Société, sont nommés membres du Conseil d'administration : MM. Guimet, Breittmayer, Ogier, Granjon, Gallay, J.-B. Pastré, de la maison Pastré frères, Gaduel et Massot.

Ces Administrateurs pourront s'en adjoindre quatre pour porter leur nombre à douze, par une délibération prise à la majorité, même avant l'homologation des Statuts.

Jusqu'à la première Assemblée générale, les membres ci-dessus nommés et ceux qu'ils se seront adjoints auront tous les pouvoirs du Conseil.

Le renouvellement partiel de ces administrateurs commencera lors de l'Assemblée générale ordinaire qui aura lieu dans l'année de l'homologation des présents Statuts.

TITRE IV.

Direction.

ARTICLE 24.

La Société aura un , deux ou trois directeurs chargés, sous la surveillance du Conseil d'administration, de la gestion active des affaires sociales ; ils seront nommés par le Conseil d'administration qui fixera la durée de leurs fonctions et leurs émoluments.

Chaque directeur devra être propriétaire de cinquante actions au moins qui sont inaliénables pendant la durée de ses fonctions et qui restent déposées dans la caisse de la Société.

Les directeurs agissent au nom de la Société et sont chargés d'exécuter, pour tout ce qui concerne leurs services, les délibérations du Conseil d'administration.

Ils ont droit de présence au Conseil et voix consultative.

Ils ne peuvent être révoqués que par l'Assemblée générale.

Ils dirigent l'exploitation.

Ils peuvent nommer et révoquer provisoirement tous agents et employés des services maritimes à la charge d'en référer dans le mois au Conseil d'Administration.

Ils surveillent la construction des navires.

Ils font procéder aux réparations et passent à cet effet tous marchés d'urgence.

Ils engagent les capitaines et les équipages et fixent les conditions de leurs engagements.

Ils font toutes conventions d'affrètement et de passage dans la limite des tarifs arrêtés par le Conseil d'Administration.

Ils peuvent déléguer leurs pouvoirs à des agents et employés de la Société, mais seulement pour une ou plusieurs opérations et affaires déterminées.

Ils ne sont pas tenus de résider au siége dé la Société.

Ils rendent compte de leurs opérations au Conseil d'administration.

ARTICLE 25.

Par dérogation à l'article qui précède, MM. Louis Arnaud, Auguste Touache et Félix Touache sont nommés, dès à présent, directeurs de la Société anonyme et sauf confirmation par le Conseil d'administration définitif qui sera nommé par la première Assemblée générale.

TITRE V.

Assemblées générales.

ARTICLE 26.

L'Assemblée générale, régulièrement constituée, représente l'universalité des Actionnaires.

Ses décisions prises dans les limites des Statuts sont obligatoires pour tous, même pour les absents et les dissidents.

L'Assemblée générale se compose de tous les actionnaires propriétaires de vingt actions.

Nul ne peut représenter un Actionnaire, s'il n'est lui-même Actionnaire et membre de l'Assemblée générale.

Tout Actionnaire propriétaire de moins de vingt actions peut se faire représenter à l'Assemblée générale par un Actionnaire propriétaire de vingt actions au moins.

La forme des pouvoirs sera déterminée par le Conseil d'administration.

Tous ceux qui voudront assister à l'Assemblée devront déposer leurs titres et se faire inscrire sur un registre tenu au siége de la Société ou en tout autre lieu désigné par le Conseil d'administration quinze jours avant la réunion. Il sera remis à chacun une carte d'admission qui constatera le nombre d'actions déposées.

ARTICLE 27.

L'Assemblée générale est régulièrement constituée lorsque les Actionnaires présents sont au nombre de trente et représentent le quart des actions.

Dans le cas où, sur une première convocation, ces conditions ne seraient pas remplies, l'Assemblée est de nouveau convoquée à vingt jours au moins d'intervalle; et dans cette seconde réunion, elle délibère valablement quel que soit le nombre des membres présents et des actions représentées, mais seulement sur les questions à l'ordre du jour de la première réunion.

ARTICLE 28.

Lorsqu'il s'agira de délibérer :
Sur l'augmentation du capital social,
Sur la fusion à faire avec d'autres compagnies,
Sur la dissolution anticipée de la Société, ou sa prorogation après son terme,
Et sur des modifications à apporter aux Statuts,
Les membres présents devront être au nombre de quarante au moins et représenter plus de la moitié des actions.

Dans ces mêmes cas, sauf celui de la dissolution anticipée de la Société, les délibérations de l'Assemblée générale ne seront exécutoires qu'après l'approbation du gouvernement.

ARTICLE 29.

L'Assemblée générale se réunit chaque année au siége de la Société , dans le local désigné par le Conseil de l'administration du premier janvier au trente-un mars.

ARTICLE 30.

Elle se réunit extraordinairement toutes les fois que le Conseil d'administration le juge nécessaire, ou que la convocation est demandée par dix actionnaires représentant le quart de toutes les actions.

ARTICLE 31.

La convocation est faite à la diligence du Consei d'administration par un avis inséré, vingt jours au moins avant l'époque de la réunion , dans les journaux désignés sous l'article 10.

Lorsqu'il y aura à délibérer sur les objets énoncés sous l'article 28, l'avis de convocation devra en faire mention.

ARTICLE 32.

L'Assemblée générale est présidée par le Président du Conseil d'administration ou le vice-président, et, à défaut ou refus, par celui des membres du Conseil ou des simples actionnaires que le Conseil aura désigné.

Les deux plus forts actionnaires présents, et à leur refus, deux autres désignés par le Conseil d'administration remplissent les fonctions de scrutateurs.

Le secrétaire est désigné par le Bureau.

ARTICLE 33.

Les délibérations sont prises à la majorité absolue des voix des membres présents; néanmoins, les délibérations sur les objets énoncés en l'Art. 28, ne sont valables qu'autant qu'elles ont été prises à la majorité des deux tiers des voix des membres présents.

Il est procédé au scrutin secret, lorsque cinq membres de l'Assemblée le demandent.

Vingt actions donnent droit à une voix, mais nul ne peut avoir plus de vingt voix, quel que soit le nombre d'actions qu'il possède ou qu'il représente.

ARTICLE 34.

L'Assemblée générale entend, discute et approuve, s'il y a lieu, les comptes de la Société.

Elle peut nommer une Commission de trois membres pris dans son sein pour vérifier les écritures et faire un rapport à l'Assemblée suivante.

Elle prononce, d'après l'ordre du jour arrêté d'avance par le Conseil d'administration, et en se renfermant dans les limites des Statuts, sur tous les intérêts de la Société.

Aucun membre de l'Assemblée ne peut lui soumettre

des propositions sans les avoir communiquées dix jours d'avance au Conseil d'administration.

ARTICLE 35.

Les délibérations des assemblées générales sont constatées par des procès-verbaux signés par le Président et le secrétaire de l'Assemblée ; les extraits de ces procès-verbaux, à produire en justice ou ailleurs, sont certifiés par le Président du Conseil d'administration ou le vice-président en exercice.

Une feuille de présence, destinée à constater le nombre des membres assistant à l'Assemblée et celui des actions représentées, demeure annexée à la minute du procès-verbal avec les pouvoirs.

Cette feuille est signée par chaque actionnaire entrant en séance.

TITRE VI.

Inventaires et comptes annuels. — Dividendes. Fonds de réserve.

ARTICLE 36.

L'année sociale commence le premier janvier et finit le trente un décembre suivant, à la fin de chaque année sociale, il sera dressé un inventaire général de l'actif et du passif de la Société qui sera soumis à l'Assemblée générale.

Dans cet inventaire on fera subir chaque année au matériel une dépréciation qui ne devra pas être inférieure à cinq pour cent de sa valeur.

ARTICLE 37.

Sur les bénéfices nets qui résulteront de chaque inventaire, il sera fait une retenue qui sera déterminée par l'Assemblée générale, sur la proposition du Conseil d'administration, et qui ne pourra pas être moindre de dix pour cent pour former le fonds de réserve.

Cette retenue cessera lorsque le fonds de réserve aura atteint la somme de deux millions de francs; elle recommencera, lorsqu'il aura été entamé, jusqu'à ce qu'il ait été complété de nouveau.

Le surplus, déduction faite de la part qui peut être allouée aux Directeurs et pour rénumérations diverses, sera réparti à titre de dividende entre toutes les actions dans la proportion des versements effectués.

ARTICLE 38.

Le fonds de réserve est destiné aux dépenses extraordinaires ou imprévues de la Société, aux grosses réparations et aux constructions nouvelles, s'il y a lieu.

ARTICLE 39.

Le paiement des dividendes se fera chaque année au siége de la Société et dans tout autre lieu désigné par le Conseil d'administration.

ARTICLE 40.

Tous les dividendes qui n'ont pas été touchés dans les cinq années qui suivent l'époque du paiement indiqué dans les journaux désignés sous l'article 10, sont acquis à la Société et versés au fonds de réserve.

TITRE VII.

Dissolution. — Liquidation.

ARTICLE 41.

La dissolution de la Société a lieu, sauf prorogation, à l'expiration du temps pour lequel elle est formée.

Elle pourra être prononcée avant ce terme dans le cas où le fonds social serait diminué de moitié.

Dans ce cas la décision de l'Assemblée générale devra être prise à la majorité prescrite par l'article 28.

La dissolution aura lieu de plein droit, si, après épuisement de la réserve, le fonds social tel qu'il est établi par le premier inventaire, se trouvait diminué des deux tiers.

ARTICLE 42.

L'Assemblée générale, sur la proposition du Conseil d'administration, détermine le mode à suivre pour la liquidation et confère tous les pouvoirs nécessaires pour l'opérer sans formalités judiciaires.

Dont acte,

Fait à Lyon,

L'an mil huit cent cinquante-six, les vingt-trois et vingt-cinq avril.

Lecture faite, les comparants ont signé avec les notaires.

PREMIÈRE ANNEXE.

Etat du mobilier des bureaux de la Société de navigation mixte compris sous le N° 1 de l'Article 5 des Statuts.

§ 1ᵉʳ — MOBILIER DES BUREAUX DE MARSEILLE.

Huit bureaux d'employés expéditionnaires estimés quatre cent quatre-vingt francs, ci. .	480
Quatre bureaux des premiers employés estimés six cents francs, ci. . . . . . . :	600
Trois bureaux dans le cabinet estimés six cents francs , ci	600
Une table pour le Conseil estimée cent fr., ci	100
Trois fauteuils estimés cent quatre-vingt francs, ci.	180
Trente chaises estimées cent cinquante fr., ci	150
Une caisse estimée six cents francs , ci. .	600
Bureau de l'ingénieur et deux tables à dessin estimés cinq cents francs, ci.	500
Divers casiers et presses estimés six cents francs , ci	600
Quatre lampes modérateurs estimées soixante-dix francs , ci.	70
Trois pendules estimées deux cent cinquante francs, ci	250
Total , quatre mille cent trente francs . .	4,130

Report. . . . 4,130

§ 2. — MOBILIER DES BUREAUX DE LYON.

Trois bureaux d'employés estimés deux cent quatre-vingt-cinq francs, ci.	285	
Un bureau de cabinet estimé deux cent cinquante francs, ci	250	
Une table pour le conseil estimée cent francs, ci . . . . , . .	100	
Deux caisses estimées mille fr., ci.	1,000	
Deux canapés estimés quatre cents francs, ci.	400	
Dix-sept chaises garnies estimées huit cent cinquante francs, ci . . .	850	
Trois fauteuils estimés deux cents quarante francs, ci	240	
Une glace estimée deux cent cinquante francs, ci	250	
Une pendule et deux candélabres estimés six cents francs, ci. . . .	600	
Une garniture de cheminée estimée cent francs, ci . . . . - . . .	100	
Divers casiers, presses estimés six cents francs, ci	600	
Total, quatre mille six cent soixante-quinze francs, ci.	4,675	4,675
Ensemble huit mille huit cent cinq francs, ci.		8,805

DEUXIÈME ANNEXE.

État des approvisionnements, matériel, numéraire et créances apportés à la Société anonyme, dite Compagnie de navigation mixte, sous le n° 5 de l'article 5 des Statuts.

§ 1ᵉʳ — APPROVISIONNEMENTS ET MATÉRIEL.

Six chaînes corps morts à Alger, Oran et Stora, du poids de douze mille kilogrammes et d'une valeur de sept mille deux cents francs, ci.	7,200
Six ancres du poids de trois mille kilogrammes et d'une valeur de deux mille huit cent cinquante francs, ci	2,850
Quarante mâtures, vergues, mâts de hune et autres agrès estimés quinze mille francs, ci.	15,000
Pistons, pompes avec un outillage estimés dix mille sept cent quatre-vingt-huit francs, ci.	10,788
Vingt voiles et tentes estimées quinze mille francs, ci:	15,000
Trente prélarts d'une valeur de deux mille quatre cents francs, ci.	2,400
Six aussières et cables du poids de douze cents kilogrammes et d'une valeur de seize cent quatre-vingts francs, ci	1,680
Cinq cents draps de lit estimés deux mille francs, ci.	2,000
A reporter. . .	49,918

48

Report. . . .	49,918

Douze cents serviettes estimées dix-huit cents francs, ci   1,800

Cent couvertures estimées six cents fr., ci.   600

Quarante matelas estimés quatorze cents francs, ci.   1,400

Cent rideaux estimés cinq cents francs, ci.   500

Diverses pièces de vaisselle et verrerie estimées deux mille cinq cents francs, ci . .   2,500

Ensemble.   64,718

§ 2. — NUMÉRAIRE ET CRÉANCES LIQUIDES.

Espèces en caisse, sept mille cinq cent soixante-quatorze fr. cinquante-six centimes, ci. .   7,574 56

Dépôt à la Banque de France. deux cent trente-huit mille cent quarante-un francs vingt-huit centimes, etc. 238,141 28

Effets à recevoir, neuf mille cent quatre-vingt-deux francs trente-un centimes, ci . . .   9,182 31

Dépôt chez Roux de Fraissinet et Cie, à Marseille, deux cent vingt-neuf mille sept cent soixante-dix-neuf francs un centime, ci 229,779 01

A reporter. . . 484,677 16   64,718

Report. . . . 484,677 16   64,718

Compte avec l'administration des postes, trois cent soixante-quinze francs, ci.   375   »

A recevoir de Caffarel aîné et Darolles, à Cette, deux mille soixante-neuf francs vingt-cinq centimes, ci 2,069 25

A recevoir de Henri fils et Laugier, à Oran, trente-trois mille cent soixante-sept francs seize centimes, ci 33,167 16

De MM. Pastré frères, pour l'administration de la guerre cent trente-six mille sept cent quatre-vingt seize francs trente-cinq centimes, ci. 136,796 35

De Pascal fils et Cie, banquiers à Marseille, cent quatre-vingt quatre mille neuf cent cinquante-six francs soixante-centimes, ci.   184,956 60

De Marius Côte et Cie, banquiers à Lyon, cent cinquante-six mille quatre cent cinquante francs dix-huit centimes, ci   156,450 18

De M. Pierre Givord, à Lyon, quinze mille sept cent soixante-dix-sept francs trente-quatre centimes, ci 15,777 34

A reporter. . 1,014,268 04   64,718

4

Report. . .	1,014,268 04	64,718
De Henri Rousseau, à Paris, soixante-quinze mille six cent dix-huit francs soixante-dix centimes, ci	75,618 70	
De Barneau fils et Cie, à Philippeville, dix-neuf cent soixante-neuf francs, vingt centimes, ci	1,969 20	
De débiteurs divers pour nolis, douze mille quatre cent vingt-cinq francs quarante-huit centimes, ci	12,425 48	
De Henri fils et Laugier , à Alger, trente mille neuf cent quarante-trois francs, quatre-vingt-deux centimes, ci. .	30,943 82	
De Vouillemont, Chavard et Cie, de Lyon, quinze mille deux cent soixante-trois francs quatre-vingts centimes, ci. .	15,263 80	
De l'administration de la guerre, trois cent vingt-deux francs dix centimes, ci . .	322 10	
De Boix fils et Cie, trente mille huit cent quatre-vingt-treize francs cinquante-cinq centimes, ci	30,893 55	
A prendre sur les verse-		
A reporter. . .	1,181,705 69	64,718

Report. . . .	1,181,705 69	64,718
ments restant à effectuer, quatre millions trois mille cinq cent soixante - seize francs trente-un centimes, ci . . .	4,003,576 31	
Ensemble.	5,185,282 »	5,185,282
Total, cinq millions deux cent cinquante mille francs, ci.		5,250,000

TROISIÈME ANNEXE.

*Lettre de M. le Directeur général des Postes
à MM. L. Arnaud, Touache frères et Cᶜ de Marseille.*

Paris, 15 août 1856.

Messieurs,

. Par les lettres que vous m'avez fait l'honneur de m'écrire, en date du 23 juin et 5 juillet derniers, vous proposez de traiter pour un service régulier de transport de dépêches par les bateaux à vapeur que vous avez établis sur les lignes de Marseille à Alger, de Cette à Alger, de Marseille à Oran, et de Marseille à Philippeville.

Ce n'est pas mon administration qui peut passer un semblable marché avec votre entreprise. Monsieur le Ministre de la guerre, que regarde le soin d'assurer les communications de la France avec l'Algérie, a seul qualité pour organiser un nouveau service de correspondance entre Marseille et Cette et les différents ports de l'Algérie et pour traiter des conditions d'exécution de ce service.

La situation des crédits dont elle dispose ne permet pas davantage à mon administration d'augmenter la subvention de vingt-cinq francs par valise qu'elle paie à votre Compagnie pour le transport des dépêches à chaque départ de vos bateaux de Marseille. Elle ne peut que vous offrir de vous charger de ce transport aux mèmes conditions au départ de vos bateaux, tant de Cette que d'Alger , d'Oran et de Philippeville.

J'attendrai , pour donner des ordres dans ce sens , que vous m'ayez fait connaître vos intentions à ce sujet.

Agréez , Messieurs , l'assurance de ma considération distin-guée.

Pour le Conseiller d'Etat ,

Directeur général des Postes ,

L'Administrateur de la 1re division ,
PIRON.

QUATRIÈME ANNEXE.

*Lettre de MM. L. Arnaud, Touache frère et Ce de Marseille,
à M. le Directeur général des Postes, à Paris.*

Marseille, le 20 août 1856.

Monsieur le Directeur général des Postes,

Nous avons l'honneur de vous accuser réception de la lettre
que vous avez bien voulu nous adresser en date du 15 courant,
et par laquelle vous nous prévenez qu'il ne dépend pas de
votre administration de traiter pour un service régulier de dépêches par bateaux à vapeur entre Marseille et Alger ; Alger ,
Marseille , Oran et Philippeville ; que ce soin concerne son
Excellence M. le maréchal Ministre de la guerre. Nous vous re-
mercions , Monsieur le Directeur général , de cette communi-
cation qui nous permettra de donner à nos démarches ulté-
rieures la direction la plus utile pour atteindre le but que nous
nous sommes proposé, celui de faciliter et développer , au
moyen de communications promptes et régulières , les affaires
commerciales en Algérie.

Nous avons pris note , Monsieur le Directeur général , qu'il
ne vous est pas possible d'augmenter le prix du transport de
chaque valise, que votre administration nous paie à raison de
vingt-cinq francs et nous venons vous informer que, malgré le
peu d'importance de cette rétribution , nous nous chargerons

de transporter à ce prix les valises qui nous seront remises au départ, tant de Cette que d'Alger , Oran et Philippeville.

Nous espérons, Monsieur le Directeur général, que vous verrez, dans cette modération de notre part, combien nous sommes animés du désir d'être utiles à votre administration et au commerce général et que plus tard , si l'occasion se présente , ce sera un titre à vos yeux en notre faveur pour que vous vouliez bien utiliser nos services.

Recevez, Monsieur le Directeur général , l'assurance de notre parfaite considération ,

Signé : L. ARNAUD , TOUACHE frères et Cᵉ.

Pour copie conforme ,

LOUIS ARNAUD , TOUACHE FRÈRES et Cᵉ.

Lyon. —Imprimerie d'Aimé VINGTRINIER, quai Saint-Antoine, 36.